이 스따니슬라브의 시집

# 모쁘르 마을에 대한 추억

숭실대학교
한국문예연구소
문예총서 ⑤

이 스따니슬라브의 시집

# 모쁘르 마을에 대한 추억

김병학 옮김

# 지은이의 머리말

저의 시편들이 모국어로 번역되어 고국의 독자들과 만나게 되니 감개무량하기 그지없습니다. 기나긴 방랑의 세월을 살아온 고려인 디아스포라의 후손으로서 이는 단순히 저 혼자만이 한국의 독자들을 만나는 것이 아니라 한 서린 우리 모든 조상들의 마음이 고향으로 돌아가 고국의 후손들과 감격적으로 재회하는 것이기도 합니다. 제 삶과 시에는 저의 부모와 조부모, 일가친척들이 세대를 통해 전승해준 고귀한 뜻과 마음이 면면히 흐르고 있기 때문입니다.

디아스포라는 누구나 고국과 연결되고 싶은 강한 열망을 품고 살아갑니다. 디아스포라에게 고국이란 언젠가는 돌아가야 할 마음의 고향이기 때문입니다. 그러므로 제가 고국과 시를 통해 연결되는 기쁨은 다른 어떤 기쁨이나 행복과 비교할 수 없이 큰 것입니다. 무수한 역사적 비극과 비운을 이기고 살아온 재소고려인의 후손으로서 저에게 고국은 무엇보다도 절실하고 뜨겁게 만나야 할 근원입니다.

더욱이 이 시집이 다른 사람이 아닌 김병학 시인의 번역으

이·스·따·니·슬·라·브·의·시·집

**머리말**

로 세상에 나오게 되어 더욱더 감사할 따름입니다. 김병학 시인은 가장 먼저 카자흐스탄에 들어온 한국인 중 한 명으로 우리 고려인들의 아픔과 상처를 누구보다도 잘 알고 있으며 저의 시적 에스프리 또한 가장 잘 헤아려 이해해주는 오랜 벗인 까닭입니다. 시집을 출판해주신 숭실대학교 한국문예연구소 조규익 교수님과 인터북스의 하운근 사장님께도 심심한 감사를 드립니다.

한국의 독자들께서 여러모로 부족한 저의 번역시집을 통해서나마 디아스포라 고려인의 마음을 조금이라도 이해하고 느껴보실 수 있다면 저에게는 이보다 더한 기쁨이 없을 것입니다. 이 책을 읽는 모든 분들께 행운이 함께 하기를 바랍니다.

2010년 3월

카자흐스탄 알마틔시에서
이 스따니슬라브

# 일러두기

1. 한국어 번역문과 러시아어 원문을 나란히 배열하였다.
2. 한국어번역은 직역을 원칙으로 하였다. 다만 직역만으로는 의미전달이 안 되는 시들은 의역을 하거나 일부의 단어를 추가하여 본래의 의미가 드러나도록 했다.
3. 시의 연과 행의 배열도 원문과 동일하게 하되 부득이한 경우에는 한두 행을 늘리거나 줄였다.
4. 설명이 필요한 부분은 해당되는 시의 끝에 주를 달아 해설해놓았다.
5. 이 책에 실린 70편의 시 중에서 32편은 다른 번역자에 의해 조금 달리 번역된 적이 있다. 하지만 저자의 시편들이 대체적으로 짧고 간결한 까닭에 기존의 번역과 본 역자의 번역에 별 차이가 나지 않는 시들도 더러 존재한다. 기존 번역시 중 오역된 부분은 바로잡았다.(이 스따니슬라브 저 / 양원식 역, 『재 속에서는 간혹 별들이 노란색을 띤다』(서울, 도서출판 새터, 1997)를 볼 것)

이·스·따·니·슬·라·브·의·시·집

차례

# 차 례

▌지은이의 머리말 _ 5

▌일러두기 _ 7

제1부 되돌아가지는 못 하리 언젠가 두고 떠나온 해변으로 _ 11

| 시1 _ 12 | 시6 _ 21 | 시11 _ 28 | 시16 _ 37 |
| 시2 _ 14 | 시7 _ 22 | 시12 _ 30 | 시17 _ 38 |
| 시3 _ 16 | 시8 _ 23 | 시13 _ 32 | |
| 시4 _ 18 | 시9 _ 24 | 시14 _ 34 | |
| 시5 _ 20 | 시10 _ 26 | 시15 _ 36 | |

제2부 초원에 피어난 진달래꽃 _ 39

| 시18 _ 40 | 시23 _ 50 | 시28 _ 58 | 시33 _ 68 |
| 시19 _ 42 | 시24 _ 52 | 시29 _ 60 | 시34 _ 70 |
| 시20 _ 44 | 시25 _ 53 | 시30 _ 62 | |
| 시21 _ 46 | 시26 _ 54 | 시31 _ 64 | |
| 시22 _ 48 | 시27 _ 56 | 시32 _ 66 | |

### 제3부 안개 위의 영원한 꿈 마냥… _ 71

| 시35 _ 72 | 시40 _ 80 | 시45 _ 87 | 시50 _ 95 |
| 시36 _ 74 | 시41 _ 82 | 시46 _ 88 | 시51 _ 96 |
| 시37 _ 76 | 시42 _ 84 | 시47 _ 90 | 시52 _ 98 |
| 시38 _ 78 | 시43 _ 85 | 시48 _ 92 | |
| 시39 _ 79 | 시44 _ 86 | 시49 _ 94 | |

### 제4부 바람에 흔들리는 이삭들 _ 101

| 시53 _ 102 | 시58 _ 111 | 시63 _ 118 | 시68 _ 128 |
| 시54 _ 104 | 시59 _ 112 | 시64 _ 120 | 시69 _ 129 |
| 시55 _ 106 | 시60 _ 114 | 시65 _ 122 | 시70 _ 130 |
| 시56 _ 108 | 시61 _ 116 | 시66 _ 124 | |
| 시57 _ 110 | 시62 _ 117 | 시67 _ 126 | |

▍해설  역사의 진실과 삶의 본질을 찾아 나선
         디아스포라의 혼 _ 131

▍지은이 약력 _ 148

▍옮긴이 약력 _ 149

# 제1부

되돌아가지는 못 하리
언젠가 두고 떠나온 해변으로

## 시 1

바다가 뾰족하고 짠 혓바닥을
들이민 듯한
러시아 연해주 땅
뽀시예트 구역에
고려인 마을이 있었고
우리 할아버지가 태어난
집이 있었다
놀라워라
겨우 두 세대만
이 중앙아시아초원에서
살아왔을 뿐인데
이보다 더 가까운 고향이
세상에는 없는 듯…
하지만 뽀시예트에서 사셨던
할아버지에 대한 추억에
난 또다시 잠기곤 한다
누군가의 거친 혓바닥 같은
연해주 땅, 한 조각 바다가
나의 상처를 핥는다

На дальнем Востоке,
В районе Посьета,
В местечке, где море
Просунуло острый,
Соленый язык,
Был хутор
С корейским названием
И домик, в котором
Родился мой дед.
Как странно —
Взросло уже
Два поколения
В степях,
Роднее которых
Уж, кажется нет...
Но к памяти деда
Я вновь возвращаюсь
В Посьет...
И лижет мне рану
Моря кусочек,
Похожий на чей-то
Шершавый язык...

## 시 2

되돌아가지는 못 하리
언젠가 두고 떠나온
머나먼 해변으로

그러나 초원에는
광대한 바다가 있어라
튤립 꽃 눈부시고
말떼들 마냥 달리는 곳
요란하게 취하는 밤엔
무수한 별똥별 생겨나며
별무리 떨어지는 곳

무엇 때문인지
우리 운명으로 반복되면서

Возврата нет
К далеким берегам,
Покинутым когда—то…

А есть степей безбрежный океан,
Где светится тюльпан,
Где кони мчатся наугад
В ночи хмельной и звонкой,
А звезды падают,
Рождая звездопад…

Судьбою в чем—то
Повторяя нас.

이 · 스 · 따 · 니 · 슬 · 라 · 브 · 의 · 시 · 집

**시 3**

강제로 우리는
이곳으로 실려 왔네
그리고 우리는 스스로
이제 그 어디로도 떠나가지 않네
아, 나리새 덮인 초원아
달리고 달려라
끝도 가도 없는 땅…
채찍을 휘두른 듯
울리는
장난기어린 카자흐 처녀의 목소리
날 좋아하니?
그럼 한번 따라잡아봐.
그땐
내가 너의 것이 될 테니까.
나는 말을 재촉하고
또 재촉하네…
그리고 기도하며 속삭이네
제발 내 준마 좀 붙잡아 주오…

Не по воле своей
Оказались мы в этом краю,
И по воле своей
Мы теперь никуда не уйдем.
Эх, ковыльная степь
Скачи, скачи.
Без конца и без края земля…
Озорная казашка словами
Стеганет словно
Звонкой кочмой:
— Что нравлюсь тебе?
Ну что ж, догони.
Так и быть,
Буду твоею.
Тороплю, я коня своего
Тороплю…
И шепчу умоляя:
— Придержи, скакуна своего…

## 시 4

우슈또베…
바스쮸베* 언덕.
시간도 모래도
토굴집의 자취들을
평탄하게 지우지 못하리라.
감사하는 마음으로
조상들의 용감함에
무릎 꿇으려
우리 자손들이 나아간다.
가득히 더 가득히
술을 붓게
그리고 낮게 더 낮게
엎드려 절하게
또한 기억하게
우리가 이렇게 살아있는 건
1937년 그때에 조상들이
살아남았기 때문임을…

---

\* 우슈또베와 바스쮸베 : 우슈또베는 1937년 연해주 고려인이 강제이주 되어 최초로 부려졌던 카자흐스탄 내 읍단위의 한 지역이다. 바스쮸베는 우슈또베에 소재한 조그만 언덕으로서 강제이주 당한 고려인들이 첫해 겨울을 그 언덕에서 토굴을 파고 살았다. 지금도 토굴의 흔적이 남아있으며 카자흐스탄의 고려인들이 마음의 고향으로 여기고 있다.

Уштобе…
Подножье Бастюбе.
Следы землянок
Бессильны выровнять
Ни время, ни песок.
И мы приходим
Благодарные потомки,
Пред мужеством
Колени преклонить.
Полней, полней
Налей же водки,
И ниже, ниже
Кланяйся к земле,
И помни,
Мы живы от того,
Что выжили они тогда
В тридцать седьмом…

고려사람 이름이 없어졌다

짧은 우리의 성(姓)만
남았다

여전히 우리 음식은
맵기만 한데
지난날에 대한 물음에
할아버지는
그냥 침묵할 뿐…


Не стало корейских имен.

Остались только короткие
Наши фамилии.

И по-прежнему пища
Родная горчит,
И дед
На вопросы о прошлом
Молчит…

## 시 6

주저할 것 없이
우리는 학교에서
모국어를 배웠다

13년이 흐른 어느 날
신상명세서를 훑어보다가
난 괴롭게 망설였다.
그 항목은 바로

'모국어' 기입란


Не задумываясь
Мы учили в школе
Родную речь.

Через тринадцать лет,
Склонившись над анкетой,
Я мучительно раздумываю
Над графой:

"Родной язык"…

**시 7**

우리의 춤은
슬프고도 느리며
우리 노래는
오로지 애원뿐이네
왜 그러냐고 물었더니

들려오는 대답은 '운명'


Наши танцы
Печально-медлительны,
В наших песнях —
Сплошная мольбы.
Я спросил — отчего это?

Услышал — судьба…

## 시 8

양파밭 이랑
하루처럼 길기도 하여라

양파밭 이랑들
한해처럼 넓기도 하여라

자기 삶 전부가
양파밭 이랑인 이들이
어찌 가엾지 않은가


Луковая грядка −
Длиною в день.

Луковые грядки −
Шириною в годы…

Как не сочувствовать тем,
Чья жизнь −
Луковая грядка…

## 시 9

그 마을에는
두 채의 집만 남아있네
그리고 버려진 수천 채의 가옥들
두 명의 과부 쏘냐와 아냐가
서럽게 그대들을 안내하리라…
먼지 자욱한 풀밭…
그리고 댓돌
문턱에 놓인
거친 땅을 나는 걷노라
더 이상 들어갈 곳 없듯이
그 집에서 나올 사람도 없어라

그 집 지붕은 땅에 맞닿아있고
창문들은 깨어져 있네

마치 가까운 친척 누군가가
죽은 듯
난 손바닥으로 얼굴을 가리네

В том селенье

Осталось два дома

И тысячи прежних домов.

Две вдовы — Соня и Аня

Вас печально проводят…

Я иду по земле одичалой,

Где под пылью — трава…

Вот и камень

Лежит у порога,

Только некому выйти из дома,

Как и некуда больше войти.


Эта крыша сравнялась с землею.

Эти окна не знают границ.


Будто кто-то из близких мне умер…

Я ладонью лицо закрываю.

## 시 10

얼마 전에 들었네…
모쁘르* 마을에서 살았던 노인 중
네 분만 남아있다는 말을

노인들은 떠나가네…

과거의 심연은
그 분들과 함께
멀어져만 가리…

---

* 모쁘르 : 고려인 최초 강제이주지인 우슈또베 인근에 있는 고려인 마을 이름.

Мне недавно сказали…
Из стариков, живущих в Мопре,
Осталось четыре.

Уходят старики…

И, кажется с ними
От прошлого пропасть
Снавится шире…

## 시 11

이것이 바로 아픔,
이것이 바로 캄캄한 밤!
바람에 고개 숙인
검고 축축한 잎새들

말하지 마오
그대 하려는 말
나 이미 알고 있다오

이보게, 얼마나 슬픈 일인가
숨은 이별이
우릴 기다리고 있으니…

Вот она боль!..
Вот она ночь!..
Темные и влажные листья,
Покорные ветру.

Молчи⋯
Твои слова
Я знаю наперед.

Послушай как печально
Разлука,
Затаившись ждет.

## 시 12

눈이 온다
우리 마을에.
새해맞이
저녁 눈송이가 온다.
그리고 둥근달이 떠오르면,
삶을 조용히 기뻐하며,
난 땅을 걷는다…
다행이다!
친척들이 모두 살아있다,
어머니는 아직도 젊다.
아, 도대체 얼마만한
세월이 흘렀던가?
곧바로 기억할 수조차 없음은.
단지 생각나는 건,
그땐 아직 내가 학교를
다니지 않았던 때였다는 것뿐

Падает снег
Над моим поселком.
Новогодний
Вечерний снежок.
И при полной луне,
Тихо радуясь жизни,
Я иду по земле⋯
Слава богу!
Все живы родные,
И мама совсем молодая.
Эх, сколько же
Минуло лет?
Сразу не вспомнишь.
Только помню,
Я в школу
Еще не ходил.

## 시 13

차가운 눈 위에
꽃이 피었어라
우리네 노인들이 이렇게 말했었지
오래 기다리던 아이들이
태어날 때가 그랬었노라고

На холодном снегу,
Зацвели цветы,
— Так говорили наши старики,
Когда рождались
Долгожданные дети.

## 시 14

난 귀염둥이로 자랐네
모두가 어른들뿐인 집에서,
그들은 나를
번갈아 업어주고
가장 좋은
노래들을 불러주었지.
난 그걸 잊지 않았네, 기억하고 있네
신비롭고 부드럽던 그 노랫말들을.
그 노래들은 가르침이기도 했어라
떳떳하게 살고
존엄하게 죽어야 한다는…
헌데 그 존엄성을 잃어버린 시절
어떻게 떳떳이 살아야 할지는
그들도 몰랐지 않았던가?

Я рос любимцем в доме,
Где взрослые одни
Меня носили на спине,
Попеременно⋯
И пели песни
Лучшие свои.
Я не забыл, я помню их
Мотив таинственный и нежный.
А был еще завет:
Достойно жить,
Достойно умереть⋯
А ведь они не знали,
Как?
Когда достоинства лишают⋯

## 시 15

마지막 순간의
마지막 한 마디 말…
누구에게 있는가?
진실한 말 한마디
누구의 심장에서 타들어가고 있는가?
마지막 순간의
마지막 말 한마디로
누가
밑줄을 그을 것인가
우리의 철면피함에


Последнее слово,
Последних времен…
У кого?
В чьем сердце томиться
Правдивое слово?
Последним словом,
Последних времен
Кто,
Черту подведет
Под наше бесстыдство?

## 시 16

침묵하고 참지만
절망의 외침이
대낮에
우연히 터져 나오리라…
지나가는 사람들 사이에
아는 얼굴이
하나도 없어라.


Молчу, терплю
Но вырвется нечаянно
Отчаяния крик,
Средь бела дня…
Среди прохожих
Ни одного
Знакомого лица.

## 시 17

아끄리따쓰\* 폐허로
초원의
바람이 불어오네
천 년 전처럼
변덕을 부리며.

이 벽들은 알고 있으리
대상들의 행렬 어디서 왔다가
어디로 갔는지
허나 지금은
침묵으로 신비를 지키고 있네


Над руинами Аккыртас
Ветерок,
Озорной и степной,
Как и тысячу лет назад.

Откуда пришли,
И куда ушли караваны
Знали эти стены.
А теперь таинственно
Молчание хранят…

---

\* 아끄리따스 : 카자흐스탄 남부 따라즈 지역에 있는 고대도시 유적

# 제2부

## 초원에 피어난 진달래꽃

## 시 18

이익도 영광도
나는 시로 구하지 않았다.
그저 어렸을 적부터
운명이 이해할 수 없는 것으로 보였을 뿐
소련정권에 대한 불만을
어른들로부터 듣곤 하였다,
침묵을 참지 못하고 난
그것을 말했을 뿐…

Ни выгоды, ни славы
Я стихами не искал.
Просто с детских лет
Непонятной казалась судьба.
Слушал старших,
Их обиды на власть
И не выдержав молчания
Я об этом сказал…

시 19

높은 산
사람들과 떨어진 곳에
쿠르드인 마을이
숨어있다.
어느 날 우연히
거기로 들어섰다가
이런 말을 들었지
"우리는 못살지는 않는다
진실로 무엇 하러
신을 노엽게 하겠는가."
그대들은
나보다 더 행복하구나
그대에게는
역사적 고향이
두 개나 있지만,
내게는 하나도 없으니…

Высоко в горах
Далеко от людей
Спрятался
Курдский поселок.
Там однажды,
Случайно я был,
И услышал такие слова:
— Живем мы неплохо
Честно говоря,
Чего бога гневить.
Только ты
Счастливее меня,
Две исторические родины
Есть у тебя,
У меня ни одной…

## 시 20

"고국이여!"라고
우리는 마음껏
부를 수가 없었지
우리는 누구인가?
이 물음에도 쉬 답할 수 없네
우리의 발자취
우리 뿌리의 보금자리
남북으로 펼쳐져 있구나

때는 왔다
이제 우리 성씨의 비밀을
알아내고 싶어라
김(金)은 황금을
이(李)는 가늘고 흰 오얏나무…

머나먼 바다에서
파도 부서지는 소리
이 끝없는 초원에 밀려와
우리에게 들리는 듯하여라

Нам не дано
Безоглядно сказать —
Родная земля!
Непросто ответить —
Кто мы?
К югу и северу
Тнутся наши следы,
Грезд родовые начала.

Время пришло,
И хочется нам разгадать
Таинства наших фамилий.
Золото — Ким,
Ли — тонкая, белая слива⋯

И померещится нам
В неоглядной степи
Рокот далекий
Морского прилива.

## 시 21

나는 고국이 싫어졌다
꾸준히
증오와 공포의 장벽을 세우는
나라
반세기가 넘는 세월을
어머니가 아들을 만나지 못하고
깊은 슬픔에 잠긴 눈으로
숨을 멈추는 곳.
허나 남과 북 사이에
누구의 것도 아닌 땅이 놓여있다
아, 만일 그 땅의 경계선을
남북 끝까지 넓힐 수만 있다면,
모든 사람들에게
그 누구의 땅도 되지 않도록,
그래서 모두의 땅이 되도록.
이런 땅은
사랑하지 않으면 안 된다.

Я разлюбил страну,
В которой неустанно
Возводят стену ненависти и страха.
Страну, в которой
Мать полвека больше
Не дождавшись сына
Уходит в небо,
С скорбью на глазах.
Меж Севером и Югом
Лежит ничейная земля.
Ах, если бы границы той земли
Раздвинуть до предела,
Чтоб сразу всем
Была она ничья,
И сразу всем своя.
Такую землю
Не любить нельзя.

## 시 22

그침 없이 울려라 장구여…
겨레의 기쁨과 신음소리,
기나긴 방랑의 길…
이 시대의 복 받은 장단아

공간은 없어라!
장구가락이 되어
오직 심장만이
뛰노라

Не умоглкай, дянгу⋯
Благословенный ритм времен,
Вобравший радость и народа стон,
И долгий путь скитанья⋯

Пространства нет!
Лишь сердце —
Бьется
Глухим ударам
В унисон.

## 시 23

조상들의 고향으로
돌아가고 싶어라
시(詩)를 가지고서.
타향살이
힘들다 터져 나오는
흐느낌이나
울음이 아닌 시로써.
허나
내가 태어나고 자란
이 땅이
어찌 타향이란 말인가?
또 어릴 적부터
어울려 함께 자란
사람들이
어이 타인이란 말인가?
하지만 그래도
여기 카자흐스탄 땅과
이 시구를 채우는
러시아말에
용서를 구해야 하리.
조상들의 고향으로
나 돌아가고 싶어라
오직 시(詩)만 가지고서라도.
머나먼 고국에서
태어나 살아갈
그런 운명 나 받지 못했느니…

На родину предков
Хочу
Возврашаться стихами.
Не хныча,
Не Плача,
Что жизнь
Тяжела на чужбине.
Но разве та местность,
В которой
Родился и вырос,
Чужбина?
И люди,
Что с детства
Тебя окружают,
Чужие?
Но все же
Прощенья прошу
У казахской земли,
У русского слова,
Которым
Пишу эти строки.
На родину предков
Хочу возвратиться,
Хотя бы стихами.
Коль жить и родиться
В далекой отчизне
Судьбой не дано⋯

초원에 피어있네

진달래꽃.

따뜻한 봄날에

다시 피어났네.

튤립, 양귀비꽃

다른 꽃들 사이에서.

나는 그 꽃을 알아보네

향기로 빛깔로 꽃잎모양으로.

초원에 피어났네

진달래꽃이…


Цветы багульника

В краю степном.

Вновь расцвели

Весенним теплым днем.

Среди тюльпанов, маков

И других цветов

Я узнаю по запаху,

По цвету, изгибам лепестков.

Цветы багульника

В краю степном…

시 25

밤새도록
바이올린 소리 울렸네…
고독한 슬픔을 하소연하는

그런데 집안은 깊이 잠들어있었네

모두들 더 나은 팔자 믿었으므로…


Всю ночь
Играла скрипка…
Одиночества печальную мольбу.

Но в доме спали крепко.

И каждый верил в лучшую судьбу…

## 시 26

들판에 차 넘치는
쑥풀의 슬픔을
조금이나마 맛보자
해질 무렵
구름 무리들
하늘에서 겹치는
그 마지막 시각에

발걸음 소리 들어보자
오래 전에 세상 떠난 이들의…

Хлебнем чуток
Полынной грусти,
Разлитой на полях,
Где в час
Последний,
Предзакатный
Громады облаков
Теснятся в небесах.

И тех, кого уж нет давно
Послышатся шаги…

하얀 집이 있었네
그 집 둘레로 물이 차올랐네…

이른 봄날의 차가운 물이…

그 물속에선 아직도 별들이 미역 감고
갈매기도 나래 접은 채
잠들어 있었네…
그날 아침 우리는 배를 타고
어디론가 정처 없이
오래도록 떠나갔다네
나는 지쳐
노 젓는 갑판에서
곤히 잠들고 말았네…

뱃머릴 돌려 그곳으로
되돌아올 수 없음을 알지 못한 채로

Был белый дом,
Вокруг него теснились воды…

Холодная, весенняя вода…

И в ней купались звезды,
Да чайка, сжав крыло,
Спала…
Мы долго плыли в это утро,
Бесцельно, никуда.
Я, утомленный, заснул
Под взмах
Весла…

Не зная, что вернуться
Туда назад нельзя.

옛 사진들을
분류하면서
나는 알아보지 못한다
사진 속 내 모습을.
전혀
모르는 얼굴이
나를 바라본다
옛 사진들 속에서…

Перебирая
Старые фотографии,
Я сам себя
На них не узнаю.
Глядит на меня
Со старых фото
Совсем
Чужое лицо⋯

## 시 29

어린 시절 놀이가 있었지
마음에 드는 구름을 골라
소원을
실어 보내는 놀이

새하얗고 부드러운
구름을 골라
난 마음에 꼭꼭 숨겨둔
소원을 속삭였지
"아버지를 찾아다오
네가 할 수만 있다면"

헌데 이게 무엇인가?
몇 해 뒤
시커먼 먹구름
싸락싸락 빗소리 아래서
미안하다며 또다시
나를 피해가 버리니…

В детстве была игра:
Выбираешь по душе облака
И отправляешь в путешествие
Желанья…

Выбрал я облачко
Белое — нежное.
И прошептал я желанье
Заветное:
— Найди, если сможешь,
Отца…

Что это?
Столько же лет спустя
Черная тучка
Под шелест дождя
Вновь виновато
Обходит меня…

## 아버지께 보내지 못한 편지

아버지!
우리는 단 한번,
딱 한번밖에
만나지 못했습니다
이렇게 긴 인생에서.
내가 당신 집을 찾아갔을 때
당신의 아내는 내게 말했습니다
네가 언젠가는 꼭 찾아올 것이라고
나는 믿고 있었다.
나를 기쁘게 해주려고
그분은 가족사진첩을 보여주었습니다,
낯선 사진들 사이에서
나는 한 장의 사진을 보았지요
당신 팔에 안겨있는 나와 어머니의 모습을.
저녁식사 후
우린 얼큰하게 술을 마셨고
당신들은 내가 쉬도록
방으로 안내해주었습니다.
침대에서 오랫동안 뒤척이며
나는 잠들지 못했습니다.
헌데 당신이 내 머리맡에 놓인
의자에 앉았을 때
난 그만 잠든 체 하였습니다,
온 밤을 구슬프게 당신은 한숨을 내쉬었지요
얼굴에서는 눈물이 흘러내렸지요.
아버지 용서하십시오
저는 당신께 더 이상 갈 수가 없었습니다.

### Неотправленное письмо отцу

Отец!
Мы с тобой виделись
Всего один раз,
Всего один раз
В этой длинной жизни.
Когда я пришел в твой дом
Твоя жена мне сказала:
— Я знала,
Что ты когда-нибудь придешь.
Наверное, чтобы развлечь меня
Она достала семейный альбом,
Где среди других фотографий
Я увидел снимок —
Маму и себя в твоих руках.
После ужина,
Где мы выпили много,
Меня отвели в комнату
Чтобы я отдохнул.
Я долго ворочался в постели,
И не мог заснуть.
Но я притворился спящим,
Когда ты присел на стуле
Возле моего изголовья.
Всю ночь ты горестно вздыхал,
По лицу текли мужские слезы.
— Прости отец,
Я не смог больше к тебе прийти.

## 시 31

커다란 먹구름 그림자 뒤
여름벌판으로 나는 달리노라,
그루터기들 거친 솔이 되어 찔러도
다리 아픈 줄을 모른 채.
나는 힘껏 외치노라,
감격하고
행복에 겨워서.
이 삶은 어머니가 내게 주신 것,
바로 아버지를 사랑했기에.
비록 나중에 일이 잘못되긴 했을지라도.

헌데 내가 왜 그림자를 따라 달리는가
내 주위에는
빛과 공간이 이리도 많은데…

За тенью огромной тучки
Я по летнему полю бегу,
И не чувствуют ноги мои
Жесткой щеткой лежащей стерни.
Я кричу что есть силы,
От восторга,
От счастья.
Эту жизнь даровала мне мать,
Потому что отца моего полюбила.
Пусть потом не сложилось у них.

Но зачем я за тенью бегу,
Столько света, пространства
Вокруг⋯

이·스·따·니·슬·라·브·의·시·집

시 **32**

좋은 것들은 모두
보존하고 기억하리라
나쁜 것들은 모두
태우고 없애버리리라

나의 기억은
꺼지지 않는 모닥불

잿더미 사이에서 반짝이는
드문 별들의 노란빛이여…

Все лучшее
Сохраню и запомню.
Все худшее
Сожгу, уничтожу.

Моя память —
Костер негасимый.

Редких звезд желтизна
Среди пепла…

**시 33**

존재의 흰 바위에
마음의 무늬
언어로 새겨보네

세태풍습과
건전한 뜻과
또한 오기도 하고
가기도 하며
잡초로 자라는
모든 것들에
도전하네

태우지 않은 책의 페이지들로
세월의 색이 바래고
흘러가버린 백년세월의 냄새
손바닥에 미끄러져
사라지고 마네

Словами
Орнамент души высекаю
На белой скале бытия.

Я вызов бросаю
И быту,
И здравому смыслу —
Тому,
Что происходит,
Тому,
Что уходит,
Что дикой травой зарастет…

А время желтеет
Страницами книг несожженных.
И запах минувших столетий
В ладони скользнет
И исчезнет…

## 시 34

풀냄새가
또다시
나를 불러주리라…
그러면 그때처럼 난
맨발로 걸어가리
햇빛 가득한
환한 들판을 따라
그러면
내 온갖 슬픔의 돛이
나를 시기하며
골짜기로 숨어들리라


Снова запахи
Трав
Позовут…
И пойду, как тогда,
Босиком
По разлитой солнечным
Светом поляне.
И, завидуя мне,
Затаятся в оврагах
Всех печалей моих
Паруса…

# 제3부

# 안개 위의 영원한 꿈 마냥…

## 시 35

칠월 중순
무더운 한낮에
벌판에서 한잠 자리라,
높은 초원의
풀숲에서.
그러면 내 위로
천년 묵은 독수리가
맴돌며
내 일생을
지킬 것이니.
저무는 날
안개 위의
영원한 꿈 마냥…

В знойный полдень
Середины июля
Вздремну, я прямо в поле,
Среди высоких
Трав степных.
И надо мной
Орел тысячелетний
Кружиться будет,
Сторожа
Всю жизнь мою,
Как сон предвечный,
Над маревом
Сгорающего дня…

## 시 36

주위엔 아무도 없고
남십자성만이 떠있어라
별들의 이정표 사이에서
머리 위에 걸린 건
초원이 잠든 곳에서 들리는
바람의 잡담뿐
빛이 강물 위로 흘러넘치네
그 빛의 이름은 인생

Ни души окрест,
Только Южный Крест
Среди звездных верст
Надо мной повис,
Только ветра треп
Где уснула степь,
Свет разлит над рекой
Под названием – жизнь.

## 시 37

삶,
그것은 얇고
믿지 못할 빙판…
난 그 위를 조심스럽게 걷노라
쉽게 미끄러지고
넘어지지만
다시 일어나기는 어려운 것
삶,
그것은 의무
더 정확히 말해 의무들…
나는 긴긴 날을 참을성 없이
경솔하게 살았노라
절반은 빌려서 살았고.
징벌의 날이
이리도 빨리 돌아올 줄을
미처 몰랐노라

Жизнь −
Это тонкий
           неверный лед⋯
Я по ней осторожно иду.
Так легко подскользнуться,
Упасть,
А подняться почти невозможно.
Жизнь −
Это долг,
           а точнее долги⋯
В нестерпимо долгом пути
Так легко я прожил.
Половину взаймы.
Не заметил, как скоро
Дни расплаты
Ко мне подошли⋯

시 38

언젠가 나는
가장 높은 별까지
손을 닿을 수 있게 되었습니다

어른이 된 지금
그건 우습고
쓸모없는 짓으로 여겨지는데

아아…


Когда-то…
Я мог дотянуться
До самой высокой звезды!

Сейчас, когда вырос,
Мне кажется это
Смешным бесполезнам занятием.

Увы…

강한 자에게는
사랑과 의지가 주어지네
약한 자에게는
운명에 대한 순종만이 주어질 뿐
난 어떻게 화해시킬 수 있을까
내가 지켜야 할 의무와
그대를 향한
가눌 길 없는 갈망을


Сильным дается любовь и воля,
Слабым –
            покорность судьбе.
Как примирить мне
Чувство долга
С вечной тягой
К Тебе…

## 시 40

제발 신께서
이 보잘 것 없는 눈높이로
모든 것을 보지 않게 해주시기를.
소나기가 그친 뒤
저 하늘마저도
더러운 물웅덩이에
넘어져있음이여

Не дай нам бог,
На все смотреть
С ничтожной высоты.
Вон даже небо
В грязных лужах
Лежит упав
После грозы.

## 시 41

돌풍이 휘몰아치는
산봉우리에서
나는 계시를 받아들였노라
고결한 운명의 표식으로

산 아래는 속세의 일들과
끓어오르는 욕망…
허나 모두 헛될 뿐.
선택해야 하리
나락과
저 높은 곳 사이에서

…그리고 칼날처럼 예리한 공기

На вершине горы,
Смятенный порывами ветра,
Я принял назначенье высоты —
Как высший знак судьбы.

Внизу дела земные,
Кипенье страстей···
Я впрочем, суета.
Но выбор есть —
Меж бездною
И высью.

···и воздух острый, как лезвие ножа.

## 시 42

세월 가면 높은 산도
조약돌로 변해버리네
세월 가면 넘치는 강물도
바닥을 드러내고 마네

무얼 하자고
가슴 속에
애증을 간직해 두랴

마치 천년이라도 살 것처럼


И высокие горы с годами
До гальки мельчают.
И с полых рек вода уходит,
Обнажая дно.

Так зачем
В своем сердце
Храню я обиду и верность?..

Будто тысячу лет проживу.

시
43

그 누구도 경탄하지 않았다
우리 마을에서는,
내가 시인이고
또 화가라는 사실에.
나는 읽는다
무수한 눈동자들 속에서
차라리 네가
재벌이었으면 하는 바램을…


Никто не восхитился
В деревне моей
Что я поэт,
И рисую картины.
Уж лучше бы
Ты был олигарх.
Читаю,
Во многих глазах…

## 시 44

시간은 모두를 멀어지게 하네
밝고 무사한 날로부터.
하여 만물은 어둠에 가까워지네
캄캄한 밤의 어둠에…

나의 가장 긴 날은 가버렸고
시시각각 날이 밝아오네
아마도 그건
마음이 구겨지며
때때로 울기 때문이리…


Все дальше отдаляет время
От светлых и беспечных дней,
Всё ближе тьма,
Тьма беспросветной ночи…

Мой самый длинный день прошёл,
Светает с каждым часом,
Быть может потому
Душа мятуя
Плачет иногда…

시
45

나는 바라지 않는다
글줄을 똑바로 새기기를,
또한 시의 선율을
종이에 꽉 채운 단어들의
표식으로 고정시키기를.
시는 날아가는 것이다
마음이 저절로
알지 못할 곳으로…


Не хочется
Чеканить строки,
Выверивать мелодию стиха
И знаками крепить
К бумаге намертво слова.
Поэзия - полет
Души спонтанный.
Неведомо куда…

## 시 46

이 세상에서 슬픔은
가시지 않는다,
심지어
꽃이 피어날 때에도
슬픔은 사라지지 않는다.
우리가 신으로부터 얻은 지식은
쇠약해지는 걸 피할 수 없다는 것.
사랑하는 이들의
만남에서조차
슬픔은 가만있지 않는다,
깊은 예감 속에서도
평온한 행복은
영원하지가 않다.
만물이 이 세상을
슬픔으로 채우고 있다.
새하얀 구름의
그림자,
이마저도
어둡지 않던가
슬픈 눈길 때문에…

Неизбывна печаль
В этом мире,
Даже в пору
Когда расцветают цветы,
Неизбывна она.
Свыше знание дано –
Неизбежен приход увяданья.
И во встречах
Влюбленных
Не дремлет она,
Во предчувствии глубинном –
Безмятежное счастье
Не вечно.
Всё пронизано в мире
Печалью.
Даже тень
Облаков белоснежных
И та,
От печального взгляда
Темна ···

## 시 47

저녁노을의 때, 하늘이 어두워지고
바람이 불어와 갈대들 서걱이네.
온종일 날고 날아 늦도록
두루미 떼 하늘로 날아가네.
나의 오랜 작별의 눈길에
그들은 부드러운 날갯짓으로 응답하네.
나 여기 남으련다, 잘 가려무나
이에 두루미 떼 미안하다 울면서
수평선 너머로 영원히 떠나가네…

Темнеет небо. Час заката.
Свистящий ветер. Шелест камыша.
День отлетел и запоздало
Летит по небу журавлиный клин.
На долгий взгляд прощальный
Ответят птицы взмахом плавного крыла.
Я остаюсь,
Они курлыча виновато,
За горизонт уходят навсегда…

## 시 48

그대들의 귀를 대어보아라
나의 심장에
더 정확히 말하여 내 시들에.
나는 영원의 음악을
알아낸 것 같다
기억한다,
친구들에게 들어보라고 주곤 했던
남쪽바다의 조가비를.
그리고 나는 묻곤 했었지
바다소리가
들리니?
그때 난 바다를
본 적도 없었건만…

Приложи своё ухо
К моему сердцу,
А точнее к стихам.
Музыку вечности,
Кажется я угадал.
Помню,
Раковину с южного моря
Слушать друзьям я давал,
И вопрошал:
— Слышишь,
Как море шумит.
Море тогда,
Я еще не видал…

## 시 49

메마르고,
산뜻한 가을…
거미줄
공중에
나타났다 사라지네
내 생각들을
절반으로 찢어버리며…


Сухая,
Светлая осень…
В воздухе
Блеснула и исчезла
Паутинка.
Разорвав мои мысли
Пополам…

# 시 50

이 오랜 세월
아무것도 모은 것이 없다
시와 그림이
나의 전재산일 뿐.
이걸 물려주고 싶은데,
헌데 누구에게 주어야 할까?
나의 이름을
더럽히지 않고서…


Ничего не нажил
Я за долгие годы.
Стихи и картины
Все богатство моё.
И хочу я оставить,
Но кому?
Незапятнанным имя
Своё…

## 시 51

인생의 소용돌이에서
기력이 쇠하고
견딜힘이 빠지면
헤엄쳐
맨 밑바닥으로 내려가라
차갑고 고요한 물줄기
거기서 살길을 찾을 것이니.

나는 수없이
거기로 자맥질하곤 했다…

Когда в водовороте жизни
Обессилев,
Не будет сил держаться
На плаву,
Уйди на дно,
К холодным тихим струям,
Ты там найдешь спасение свое.

Я много раз
Туда нырял…

## 시 52

선과 악의
진동추가
광기의 저편으로
아주 멀리 떠나갔다.
사람마다 듣고
또 듣고 싶어 한다
오직 자신만의 소리를.
세상을 바꿀 수
없음을
알아차렸거든
자신의 〈나〉를 멈출 수 있는
용기를 가져야 하리

Маятник
Добра и зла
В сторону безумия
Ушел далеко за предел.
Каждый слышит
И хочет слышать
Только себя.
Когда поймешь,
Что мир изменить
Невозможно,
Найди в себе мужество
Останови своё «Я».

# 제4부

# 바람에 흔들리는 이삭들

## 시 53

정녕 나는 또다시
산기슭 아래 서 있는가
그림자를 던지는
정다운 산,
말 한마디
하지 못한 채…

Неужто вновь
Стою я у подножья
Гор родных,
Отбрасывающих тень,
Не в силах
Вымолвить и слова…

별안간
학교 종소리가
긴 세월을 찢어버린다
들장미 꽃
갓 시들어간
정원에서…

보라!

우리 학급 여학생들
행복한 얼굴에서
채 웃음이
사라지지 않았어라

Школьный звонок
Сквозь годы прорвется
Нежданно —
Из сада, где только
Недавно
Шиповник отцвел···

Гляди!

На лицая счастливых
Девчонок из нашего класса
Улыбки еще
             не сошли···

## 시 55

그렇게도 오래
그렇게도 부질없이 두드리던
문이
열렸다고들 합니다.
그렇게도 오랫동안 내가
사랑을 고백하기 두려워했던
아가씨가
다른 이와 사랑에 빠졌다고들 합니다

난 그 말을 믿지 않습니다

무엇엔가 지나치게
샘이 날 때
사람들은 거짓말을 하지 않던가요?

Та дверь,
В которую так долго, так безуспешно стучусь,
Говорят, отворилась.
Та девушка,
Которой
Так долго открываться боюсь,
Говорят, влюбилась.

Только не верю.

Ведь люди лгут,
Когда сильно
Чему-нибудь позавидуют?..

## 시 56

나는 그대에게
평생을 늦기만 했습니다.
이 삶에서 난
여러 사람에게 매혹됐지만
그대 같은 이
아무도 없었답니다.
사랑합니다,
그대 웃는 모습
그 초롱꽃 같은 웃음을.
나도 그런 웃음 배웠으면
그리고 다시 태어났으면,
허나 시간은
마지막으로 가고 있음이여…

Я к тебе опоздал
На целую жизнь.
В той жизни
Я во многих влюблялся,
А такой как ты,
Ни одной.
Я люблю,
Как ты смеешься –
Колокольчиковый смех.
Научиться бы так смеяться
И заново жить,
Только кажется время
Уходит на нет…

## 시 57

오리라 다가오리라
제비꽃 피는 여름이.
오리라 닥쳐오리라!
무더위와 갈망이.
기다리는 불빛이
아침까지 켜져 있는
너의 창문 앞으로
기어이 내가 가리라


Наступит, наступит
Фиалковое лето
Будет! Будет!
Жара и томленье.
И к окнам твоим
Наконец доберусь,
Где горит до утра
Ожидающий свет.

## 시 58

오랫동안 나는
술을 입에 대지 않았습니다

아문 상처가 오랫동안
도지지도 않았습니다

빨리도 변하는
이 세상
심지어 나는
나 자신마저 잊어버리곤 합니다


Я давно не касался вина

Не тревожил давно
Загустевшую рану…

В мире,
Быстро меняющемся,
Забываю я
Даже себя..

## 시 59

세상이 왜 이리 잔인한가요?
사람들이 왜 이리도 악한가요?
옆집 아가씨가 울면서 말하네.
아, 내가 답을 안다면
내가 그걸 알 수만 있다면…

— Почему мир жесток?
Отчего люди злые?
Плачет соседская девчушка.
Если бы я знал ответ,
Если б я знал…

## 시 60

봄날의 산기슭에 새싹이 돋아나니
새와 바람에겐 광활한 벌판이어라
따뜻해진 바위 위에
반나절 누워 있노라면
아픔과 재난도 다 잊혀지네

세상은 한동안
아이처럼 마음을 열어주네
생각해보게, 이게 바로 참모습 아닌가

따뜻하게 데워진
봄날의 마음으로
그대 다시 희망을 품고
사람에게
이끌리리라

Весною в горах прорастает трава.
И птицам и ветрам раздолье.
На камнях нагретых замрешь на полдня, —
Забудутся боли и беды.

На время покажется мир
Как ребенок открытым.
Подумаешь — вот она суть!

И сердцем весенним,
Тепло отогретым,
Ты снова — с надеждой! —
Потянешься
К людям.

## 시 61

봄날의 산속…

새들 높이 날아오르네
정적 속으로
울음소리를 던지면서

아마 난
세상 끝날까지 영원히
지치지 않으리라
봄의 숨소릴 듣고
마중하는 것을


В горах весенних…

Птицы взмыли ввысь,
Со свистом рвутся —
В тишину…

Я вечность вечную,
Наверно,
Не устану
И слушать и встречать
Весну…

## 시 62

이 봄날
길지 않은 꽃철에
그만 잊어버렸네
눈이 내리던 날
활짝 피어난
라일락꽃 송이를
얼마나 보고 싶어 했던가를…


И в эту весну,
В недолгую пору цветенья
Забыл,
Как хотел
В снегопад
Увидеть цветущую
Ветку сирени…

## 시 63

능금 한 움큼 흩어지며
산탄처럼 지붕 위를 구르는 소리
난 잠들지 않고 귀를 기울이네
마치 달빛 속에서
어디로도 서두르지 않는 구름처럼
구름들은 자는 걸까 조는 걸까
알 길이 없어라…
아마도 회상하는 것이리라,
마치 내가 그대를 회상하는 것처럼
그리고 그들은 소리를 듣는 것이리라
마치 내가 그대 목소릴 듣는 것처럼
나 그댈 잊지 못하네
나 그대를 기억하네

Осыпаются райки горстями…
Гулкой дробью по кровле скользя.
Я не сплю, я внимаю,
Как в лунном сиянии
Никуда не спешат облака.
То ли спят, то ли дремлют они.
Непонятно…
А может быть, они вспоминают,
Как я вспоминаю тебя.
И может быть, им чудится голос.
Как я слышу:
Я не забыла,
Я помню тебя…

## 시 64

오렌지 빛
저녁노을…
그 뒤에 숨은
비밀과
지평선을 그려보네

떨어진 별들로 인해
물은 얼마나 차가우랴!
또 내 마음은 얼마나 쓸쓸한지…
용서해주오
영원히 잘 가오
아니, 가지 말아주오!

가지 말아주오
뒤에 남은
사람들에게
의미가 되기 전에는

Оранжевая,
Закатная полоска⋯
Я пробую писать натуру с горизонта
И тайну,
Сокрытую за ним.

Как холодно воде
От звезд упавших!
Как холодно душе⋯
Прости,
Прощай навеки.
Не уходи!..

Не уходи,
Пока не станешь смыслом
Для тех,
Кто позади.

## 시 65

길을 가다 마주치네
뭇별 아래
어슴푸레 빛나는
초원의 밤을.
나와 삼라만상은
오래도록
오래도록
마주보고 있네
서로의
눈을…

Ночь застигнет
В пути,
Мириадами звезд,
Степь озарена.
Я и вселенная,
Долго,
Долго,
Смотрим
Друг другу
В глаза…

## 시 66

가을 벌판 위에
달이 기우네
어머니 허리 굽혀
잠들지 않은
요람 속
아기를 돌보는 것처럼.
벌판은 소란스러워라
마른 풀
사각대는 소리 소슬거리는 소리
그리고 뜻밖의
돌풍 몰아쳐
참새 떼 무수히
날아가네
이 풀숲에서
저 풀숲으로…

Над полем осенним,
Склонилась луна.
Словно мать
Над ребенком,
Что не спит
В колыбели,
А поле звенит,
Шелестит и шуршит
Пересохшей травою.
И точно внезапного
Ветра порыв,
Слетает с кустов
На кусты,
Воробьиная стая…

## 시 67

은빛 잎사귀
길 따라 백양나무들이 서있네
그 위로 가을하늘이
끝없이 펼쳐져 있네
저 위 어딘가에
물이 갇혀있고
강은
모래바닥을
드러냈구나
누런 벼이삭이
파도쳐오네
이삭들 어찌 그리 술렁이는지!
부드러운 바람에
흔들리는 이삭들…

Серебриться листва,
Вдоль дороги стоят тополя,
И осеннее небо
Над ними бездонно.
Где-то там наверху
Перекрыта вода,
И река
Обнажила
Песчаное дно⋯
Набегает волна
Пожелтевшего риса.
Как колосья шумят!
Под ласкающим ветром
Качаясь⋯

밤비 내린 후
이른 아침
풀잎마다
연약한 물방울 맺혀있네.
누가 무엇 때문에
너그러운 손 내밀어
그 귀중한
금강석 물을
곳곳에 뿌렸을까…


Ранним утром
После ночного дождя,
Листья травы
В хрупких каплях.
Кто и зачем
Разбросал повсюду
Щедрой рукою,
Редкой воды
Алмазы…

## 시 69

겨울밤
언 달의 표면이
차가운 빛을
땅으로 던지네…
정원은 잠들었고
오직 들리는 건
나뭇가지에서 떨어져
땅 위로 미끄러지는
눈 소리뿐


Зимняя ночь.
Диск луны обледенелый
Льет на землю
Свет холодный…
Сад заснул
И только слышно,
Как скользит на землю
Снег с опущенных ветвей.

## 시 70

나는 또 잠을 자지 못했다.
불면증?
그렇기도 그렇지 않기도 하다.
좋아하는 시인의 책이
내게서 잠을 훔쳤다.


Мне снова не спалось.
Бессонница?
И да, и нет.
Томиком любимого поэта
Украден мой сон.

# 해설

## 역사의 진실과 삶의 본질을 찾아 나선 디아스포라의 혼

## 역사의 진실과 삶의 본질을 찾아 나선 디아스포라의 혼

재소고려인 시인 이 스따니슬라브의 시세계

김 병 학 시인

재소고려인 시인 이 스따니슬라브 찬지노비츠(Ли Станислав Чандинович)는 1959년 12월 27일 중앙아시아 카자흐스탄 북부 아크몰라주(현재의 수도 아스타나)에서 태어났다. 그리고 한 살 때 남부 딸듸꼬르간주로 이주하여 고려인 집성촌 모쁘르란 마을에서 자랐다. 그는 거기서 성장하면서 예전부터 전해 내려오는 조상들의 전통과 풍습과 예절을 익히고 체험하였다. 또한 선조들로부터 강제이주와 전쟁 시기의 삶 등 그들이 겪어온 온갖 간난신고와 고락에 대한 이야기를 들으면서 소년기를 보냈다. 마을의 지혜로운 어른들은 우리의 옛 이야기와 일상생활에서 체득한 교훈들을 구수한 이야기로 만들어 후손들에게 들려주기도 했다. 그리고 우리말 극장인 〈고려극장〉도 가끔씩 그곳까지 찾아와서 걸쭉한 입담으로 우리의 고전극 한마당을 펼쳐주곤 하였다. 이와 같은 체험들은 나중에 그가 시를 쓰는데 풍부한 시적 원동력과 영감의 원천이 되어주었다.

 그는 1981년 카자흐스탄의 수도 알마틔에서 공업대학교를 졸업했다. 그러나 인생의 향방을 결정지을 최대 관심사는 이미 문학에 기울어져 있었다. 그가 문학에 눈을 뜨고 거기에 헌신하게 된 것은 전적으로 세 사람의 영향과 감화 때문이었다.

 그 첫 번째 인물은 철학자이자 계몽운동가인 박일(1911-2001)교수였다. 그는 민족주의자라는 호칭이 가장 반역적이고 불경스러운 낙인으로 찍히던 구소련 시대 최전성기인 1950년대 말에 다른 몇몇 지식인과 함께 소련정부에 고려인 자치주를 허용해달라고 청원했다가 탄압을 받아 여러 해 동안 사실상의 유형살이를 했을 정도로 용기 있고 박식한 민족주의자였다. 물론 그가 주장하는 민족주의는 두말할 것 없이 이민족과 함께 어우러져 사는 열린 민족주의였다. 그는 문학에도 관심이 많아 1959년에 고려인 강제이주 이후 최초로 고려인 문학작품집 『조선시집』을 발행하기도 했다. 이 스따니슬라브는 열다섯 살 되던 해에 박일을 만나 우리의 역사와 사상을 배우기 시작했다. 물론 이와 같은 가르침은 국가에 대한 반역이었으므로 당연히 법으로 금지되어 있었다. 박일은 이 스따니슬라브를 자신의 집으로 몰래 불러들여 비밀리에 가르침을 베풀어나갔다. 그렇게 그는 박일로부터 10여 년 동안 우리의 전통과 철학과 얼을 배웠고 당시 대부분의 구소련 고려인들이 모르고 지내던 우리의 자랑스러운 역사문화유산도 접하게 되었다. 박일의 가르침은 이 스따니슬라브에게 지대한 영향을 끼쳐 그가 자신의 시

## 해설

를 끊임없이 민족에 대한 자각과 고려인에 대한 정체성 탐구로 채워나가도록 이끌어주었다.

그에게 커다란 영향을 미친 두 번째 인물은 바로 그 유명한 고려인 소설가 김 아나똘리(Ким Анатолий, 1939년생)였다. 김 아나똘리는 1970년대 중반부터 소련문단에서 주목을 받기 시작하다가 1980년대 중반에는 최고 작가의 반열에 올랐다. 까다롭고 자존심 강하기로 유명한 구소련 러시아문단에서 러시아인이나 유대인이 아닌 다른 민족이 최고 작가로 인정받을 가능성은 거의 제로에 가까운 문학적 풍토에서 고려인 작가 김 아나똘리의 혜성 같은 등장은 같은 고려인 문학지망생 이 스따니슬라브에게 가슴 벅찬 가능성과 희망을 심어주었다. 이 스따니슬라브는 김 아나똘리가 소설에서 새로운 길을 개척한 만큼 자신은 시 분야에서 남다른 길을 닦아보리라 마음먹었다.

그가 본격적인 시인의 길에 뛰어들자 또 다른 인물이 나타나 그를 인도해주었다. 당대 소비에트 최고의 러시아시인으로 불리던 예브게니 꾸르다꼬브(Евгений Курдаков, 1940-2003)가 바로 그 주인공이다. 예브게니 꾸르다꼬브는 카자흐스탄에서 태어나 활동한 현대 러시아 시인으로, 러시아국민의 자랑이자 자부심인 시인 알렉산드르 뿌쉬킨 이후 시문학의 최고봉에 오른 현대 시인으로 이름을 날리고 있었다. 꾸르다꼬브는 1980년대 후반 수많은 러시아 시인 지망생들 사이에서 한 고려인 젊은이가 쓴 시편들에 흥미를 느끼고 눈여겨보았다. 그렇

게 하여 고려인 문학청년 이 스따니슬라브의 시는 당시 쟁쟁한 러시아 젊은 시인들을 제치고 유일하게 그에게 발탁되었고 그의 추천을 받게 되었다. 그리고 그로부터 작시법과 이론을 사사하는 행운을 누렸다. 그는 스승에게서 러시아 시의 진수를 배웠다. 그는 점차 탄탄한 시적 바탕을 형성해나갈 수 있었다.

이 스따니슬라브는 1995년에 첫 시집 『이랑(Гряда)』을 펴냈고 이어서 한국에서 양원식 전 고려일보 주필의 번역으로 『재 속에서는 간혹 별들이 노란색을 띤다(Редких звезд желтизна среди пепла)』(서울, 도서풀판 새터, 1997)를, 2003년에는 다시 카자흐스탄에서 『한줌의 빛(Пригоршня света)』(2003)을 출간했다.

그의 시편들은 1980년대 말부터 러시아 유수의 문예잡지 『모스크바(Москва)』, 『모스크바소식(Московский вестник)』, 『유노스치(청춘, Юность)』, 『문학신문(Литературная газета)』, 그리고 카자흐스탄의 문예지 『쁘로스또르(광야, Простор)』와 카자흐스탄 저널 『카자흐스탄스카야 프라우다(Казахстанская правда)』, 『고려일보(Коре Ильбо)』 등에 실림으로서 널리 알려졌다. 또한 최근(2008년)에는 『현대 러시아 해외(Современное русское зарубежье)』라는 20인 사화집에도 그의 시편이 실렸다. 이 사화집에 들어간 시인 중 러시아인이 아닌 다른 민족으로는 그가 유일하다. 카자흐스탄 국정 문학교과서에도 오래 전부터 그의 시가 실려 학생들 사이에서 널리 애송되고 있다.

해설 _ 역사의 진실과 삶의 본질을 찾아 나선 디아스포라의 혼

## 해설

 이 시인은 번역에도 큰 족적을 남겼다. 그는 한국의 『중세한시집』과 고은시인의 시집 『만인보』를 노어로 번역해 카자흐스탄과 러시아 문단에 널리 소개했다.

 한편 그는 극작가로서 희곡 「기억」(공저), 「농촌바보의 결혼식」(공저) 등 다수의 희곡을 써서 고려극장 연극무대에 올리기도 했다. 그리고 그는 화가이기도 하다. 그가 그린 그림들은 카자흐스탄 국내에서 수차례 개인전과 공동전시회를 통해 소개된 바 있다.

 이 스따니슬라브의 시는 짧고 간결한 편이다. 그의 시편들은 상당수가 한두 번 또는 두어 번의 호흡만으로 읽어 내려가도 충분할 정도로 단정하다. 그런 만큼 그는 짧은 시행과 시어 속에 군더더기 없는 메시지의 정수를 담아내려고 노력한다. 그의 시를 읽노라면 마치 잘 깎인 다이아몬드의 예리한 단면을 대하는 듯한 느낌을 받는다. 이 스따니슬라브 자신이 고백한 바 있듯이 이는 자기 시의 외형을 상당부분 한국의 시조와 일본의 하이쿠의 장점에서 찾아내 배합한 결과이기도 하다. 우리는 아래의 시에서 더 이상 잘라낼 수 없는 핵심 시어로만 이룩된, 금강석처럼 단단한 시의 전형을 볼 수 있다. 하지만 이 짧은 시에는 재소고려인의 긴 역사와 비극의 실상이 고스란히 드러나 있다. 이 시는 홀로그램처럼 부분이 전체를 포함하고 있다.

고려사람 이름이 없어졌다

짧은 우리의 성(姓)만
남았다

여전히 우리 음식은
맵기만 한데
지난날에 대한 물음에
할아버지는
그냥 침묵할 뿐…

- 시5 '고려사람 이름이 없어졌다' 전문 -

재소고려인들이 1937년, 당시 소련공산당 서기장 스탈린에 의해 연해주에서 중앙아시아로 강제이주 당한 사건은 이미 널리 알려진 사실이다. 강제이주의 비극은 고려인들에게 오래도록 지워지지 않을 트라우마(심리적 외상)를 남겼다. 이 상흔은 세대를 통해 이월되면서 나무처럼 자연스럽게 성장해나가야 할 정상적인 삶의 패턴을 심하게 일그러뜨렸다. 탄압이 무서워 모두들 자손 앞에서 이 사건의 진실에 대해 입을 다물었지만 역으로 이건 모두가 아는 공공의 비밀이 되었다. 이 스따니슬라브는 그처럼 모순되고 이해할 수 없는 삶의 방식에서 자유롭지 못했다. 그는 거기서 나타나는 진실과 거짓, 본질과 현상의 괴리와 일그러진 삶의 단면에서 고민하는 모습을 자신의 시에

잘 담아내고 있다.

그에게 모국어는 어렸을 적 조상들이 쓰던 한반도 언어였다. 그런데 학교에 입학해보니 누구나 배워야할 모국어는 한반도어가 아니라 러시아어라는 사실에 매우 당황했다. 아무도 그 이유를 설명해주지 않았다. 하지만 그의 의식 속에서는 모국어가 러시아어가 아닌 한반도 언어여야 한다는 무의식적 확신이 자리 잡는다. 이 시인 스스로 러시아어를 모국어로 삼아 창작 활동을 하고 있기에 이 현상은 그 자신에게 너무나 곤혹스럽고 자기 모순적이다.

> 주저할 것 없이 / 우리는 학교에서 / 모국어를 배웠다 // 13년이 흐른 어느 날 / 신상명세서를 훑어보다가 / 난 괴롭게 망설였다./ 그 항목은 바로 // '모국어' 기입란
>
> - 시6 '주저할 것 없이 우리는 학교에서' 전문 -

강제이주의 비극을 체험한 재소고려인에게 역사적 조국(모국)은 매우 특별한 의미를 갖는다. 국제주의(다문화주의)를 표방한 소련정부에 의해 적성민족으로 낙인찍혀 한순간에 삶의 터전을 잃고 중앙아시아로 이주 당한 고려인들에게 고국은 반드시 돌아가고 싶은 곳이 되었다. 하지만 이 스따니슬라브처럼 강제이주 이후에 태어난 세대들에게는 조상들과 달리 러시아

의 연해주나 한반도가 아닌 중앙아시아가 조국이 될 수밖에 없다. 그들은 중앙아시아 초원에서 나고 자랐으며 그런 까닭에 광활한 초원을 자기들의 진정한 고향으로 여긴다. 사람은 직접 살아보지 않은 장소에 향수를 느끼지 못한다.

그럼에도 불구하고 한반도와 연해주를 향한 조상들의 애끓는 향수는 후손 이 스따니슬라브 시인의 심연에도 진짜 향수로 공감되어 굽이치고 있음을 우리는 그의 시편에서 어렵지 않게 발견할 수 있다. 그건 디아스포라를 구성하는 실존적 상황과 여건이 세대를 관통하며 고스란히 전수되기 때문이다. 디아스포라는 언제나 중심이 아닌 변방의 오두막에서 거주한다. 지리적으로도 그렇고 그들의 의식을 채우는 개념적 내용으로도 그렇다. 이러한 제약과 한계는 상상으로만 그려볼 수 있는 조상들의 고향을 진정한 자기의 고향으로 받아들이도록 강요한다. 그런 의미에서 디아스포라의 고향은 하나가 아니라 둘이 된다. 자기가 태어난 곳과 조상들이 태어난 곳, 여기에는 대립이 존재할 수가 없다.

> 바다가 뾰족하고 짠 혓바닥을 / 들이민 듯한 / 러시아 연해주 땅 / 뽀시에트 구역에 / 고려인 마을이 있었고 / 우리 할아버지가 태어난 / 집이 있었다 / 놀라워라 / 겨우 두 세대만 / 이 중앙아시아초원에서 살아왔을 뿐인데 / 이보다 더 가까운 고향

## 해설

이·스·따·니·슬·라·브·의·시·집

> 이 / 세상에는 없는 듯… / 하지만 뽀시예트에서 사셨던 / 할아버지에 대한 추억에 / 난 또다시 잠기곤 한다 / 누군가의 거친 혓바닥 같은 / 연해주 땅, 한 조각 바다가 / 나의 상처를 핥는다
>
> - 시1 '바다가 뾰족하고 짠 혓바닥을' 전문 -

 이 시인은 결핍에서 많은 것을 창조해내고 있다. 디아스포라는 고향을 잃어버린 상실감 위에 존재의 양식을 쌓아가는 집단이다. 그러므로 누구보다도 강렬한 원천회귀에의 갈망으로 삶의 지평을 확장해나간다. 이 스따니슬라브는 소련시대에는 강제이주 당한 민족의 일원이었고 소련붕괴 이후에는 신생독립국가의 소수민족의 일원이 되었다. 그는 등단 초기에 주로 민족정체성을 고민하고 탐구하는 시를 썼다. 당연하고도 필연적인 출발이었다.

 허나 세월의 더께는 첫 맹세의 울타리에 가두어둔 작가의 의식을 가만히 내버려두지 않는다. 이는 여러 가지 사회적·인습적 제약에도 불구하고 끊임없는 변화와 성장을 추구하는 작가의 본성상 너무나 자연스러운 일이기도 하다. 이 스따니슬라브는 점차 초기의 민족정체성탐구의 영역을 벗어나 인간의 본질과 삶의 의미를 추구하는 방향으로 관여의 궤적을 확장시켜나간다. 하지만 그의 시에서 과거의 상처는 결코 사라지지 않는다. 디아스포라가 안고 있는 근원적인 상처는 미래의 바다

로 나아가는 첫 계단으로 놓이고 있으며 드넓은 미래 안에서도 한번 내딛은 발걸음을 한시도 멈추지 않도록 추동력을 제공해 주는 발전소가 되고 있다. 그는 고려인의 아픈 상처와 결핍의 뿌리까지 내려갔다가 디아스포라만이 지니고 있는 깊은 심연의 비밀을 건져 올린다.

> 이 세상에서 슬픔은 / 가시지 않는다, / […] / 우리가 신으로부터 얻은 지식은 / 쇠약해지는 걸 피할 수 없다는 것. / […] / 새하얀 구름의 / 그림자, / 이마저도 / 어둡지 않던가 / 슬픈 눈길 때문에…
>
> - 시46 '이 세상에서 슬픔은' 중에서 -

이 스따니슬라브에게 아버지는 매우 특별한 존재다. 그는 외부사물을 인지하기도 전의 어린 나이에 육신의 부친과 생이별을 했다. 이 사실은 그에게 끝없는 결핍감과 상실감을 가져다주었다. 그에게 아버지의 부재는 잃어버린 뿌리였으며, 그래서 반드시 되찾아 이어야할 필생의 연결고리였다. 기구한 가정사를 안고 사는 이 시인에게 아버지의 부재는 그가 정상적인 행복에 이르는 것을 원천적으로 차단하였다. 운명은 야속하게도 그가 아버지에게 다가가 붙잡으려 하면 할수록 항상 더 멀어지는 처녀처럼 먼 미래로 물러나게 만들었다. 그가 이승에서 아버지를 붙잡는 것은 현실적으로 불가능한 것 같다. 이는 초월과 성장을 통해서, 즉 자기가 스스로 자신의 아버지가 됨으로써만 가능할 것이다.

> 아버지! / 우리는 단 한번, / 딱 한번밖에 / 만나지 못했습니다 / 이렇게 긴 인생에서. / […] / 온 밤을 구슬프게 당신은 한숨을 내쉬었지요 / 얼굴에서는 눈물이 흘러내렸지요. / 아버지 용서하십시오 / 저는 당신께 더 이상 갈 수가 없었습니다.
>
> - 시30 '아버지께 보내지 못한 편지' 중에서 -

이 스따니슬라브에게 육신의 아버지는 언젠가는 되찾아 돌아가야 할 잃어버린 고국과 오버랩 된다. 그는 아버지와 만나고 싶어도 만날 수 없는 현실에 괴로워하듯이 역사적 조국의 현실에 절망할 때가 많다. 그는 마음으로나마 돌아가 안식해야 할 본향마저 남북으로 갈려 반목하는 현실에 깊은 절망과 분노를 느낀다. 이는 변방에 거주하는 고려인에게 계속하여 소외와 상실의 삶을 살도록 부추기고 그런 주변적 상황을 운명과 체념으로 받아들이도록 정당화해주는 천형으로 다가온다. 하지만 이 시인은 희망을 버리지 않는다. 실현 불가능할 것같이 보이는 희망이라도 붙잡아두지 않으면 사람은 세상에 존재할 이유를 잃고 만다. 그래서 희망은 맨 마지막에 죽는다고 하지 않던가. 어두운 밤일수록 희망은 깊어져야 한다. 더욱이 온전한 삶

에 이르지 못하고 항상 결핍과 콤플렉스를 안고 살아야 하는 디아스포라적 실존에서는.

> 나는 고국이 싫어졌다 / 꾸준히 / 증오와 공포의 장벽을 세우는 / 나라 / 반세기가 넘는 세월을 / 어머니가 아들을 만나지 못하고 / 깊은 슬픔에 잠긴 눈으로 / 숨을 멈추는 곳. / 허나 남과 북 사이에 / 누구의 것도 아닌 땅이 놓여있다 / 아, 만일 그 땅의 경계선을 / 남북 끝까지 넓힐 수만 있다면, / 모든 사람들에게 / 그 누구의 땅도 되지 않도록, / 그래서 모두의 땅이 되도록. / 이런 땅은 / 사랑하지 않으면 안 된다.
> 
> - 시21 '나는 고국이 싫어졌다' 전문 -

 세월에 따라 쌓이는 연륜과 지혜는 과거의 결핍과 콤플렉스를 이기게 해준다. 이 스따니슬라브에게 넘을 수 없는 장벽, 뿌리 깊은 절망으로 남아있던 아버지의 부재는 그의 나이 불혹을 넘어 지천명에 가까워지면서 삶의 본질을 성찰하는 관조의 빛에 힘을 잃게 된다. 결핍은 그를 시인의 길로 인도했고 삶의 부조리함에 대한 끊임없는 도전의식을 심어주었지만 결국 그는 아름다움을 추구하는 인생여정을 통하여 행복의 피안을 발견하게 된다. 부조리한 현실에도 불구하고 사람은 결국 행복에 이르러야 한다는 당위를 그는 발견한 듯하다. 그는 아래와 같이 벅찬 가슴으로 외치고 있다.

> 커다란 먹구름 그림자 뒤 / 여름벌판으로 나는 달리노라, / 그루터기들 거친 솔이 되어 찔리도 / 다리 아픈 줄을 모른 채. / 나는 힘껏 외치노라, / 감격하고 / 행복에 겨워서. / 이 삶은 어머니가 내게 주신 것, / 바로 아버지를 사랑했기에. / 비록 나중에 일이 잘못되긴 했을지라도. // 헌데 내가 왜 그림자를 따라 달리는가 / 내 주위에는 / 빛과 공간이 이리도 많은데…
>
> - 시31 '커다란 먹구름 그림자 뒤' 전문 -

> 세월 가면 높은 산도 / 조약돌로 변해버리네 / 세월 가면 넘치는 강물도 / 바닥을 드러내고 마네 // 무얼 하자고 / 가슴 속에 / 애증을 간직해 두랴 // 마치 천년이라도 살 것처럼
>
> - 시42 '세월가면 높은 산도' 전문 -

이 시인은 언제나 자신의 뿌리를 잊지 않는다. 그는 자기를 세상에 존재할 수 있도록 해준 조상들이 강제이주의 비극 속에서 살아남은 사실 자체에 감사드리고 있다. 어찌 보면 조상들로부터 이어져온 디아스포라의 삶이 더 없는 불행과 비극의 연

속이었지만 그럼에도 불구하고 그는 조상들께 무한한 존경을 표하고 있다. 삶은 단순히 육신의 역사에 밀려오는 편안함의 정도로 행복과 불행을 측정할 수 없는 것이며 내면의 가치는 오히려 고난 속에서 더욱 연단되고 성장하는 법이다. 온갖 겸허함과 너그러움도 그때 함께 들어와 자리 잡는다. 이 시인은 그래서 고난의 삶, 사연 많은 디아스포라의 삶 자체를 주신 선조들께 그렇게 감격해하는 것 같다.

> 우슈또베… / 바스쥬베 언덕. / 시간도 모래도 / 토굴집의 자취들을 / 평탄하게 지우지 못하리라. / 감사하는 마음으로 / 조상들의 용감함에 / 무릎 꿇으려 / 우리 자손들이 나아간다. / 가득히 더 가득히 / 술을 붓게 / 그리고 낮게 더 낮게 / 엎드려 절하게 / 또한 기억하게 / 우리가 이렇게 살아있는 건 / 1937년 그때에 조상들이 / 살아남았기 때문임을…
>
> - 시4 '우슈또베 바스쥬베 언덕' 전문 -

갇히고 매인 자들이 현실에서 탈출할 수 없을 때에는 초월을 꿈꾼다. 우리의 삶 자체가 육신에 매여 있는 고로 누구나 초월을 꿈꾸지만 디아스포라는 육신과 의식을 가두는 장벽이 이중, 삼중으로 중첩되어 있어 이에 대한 갈망은 더욱 깊고 강렬하다. 이 스따니슬라브의 시에도 황혼녘에 새가 등장하여 그의 꿈을 싣고 먼 하늘을 날아가는 모습이 포착된다. 초월의 꿈

## 해설

을 표현해주는 새의 등장은 한편 소외의 산물이기도 하지만, 육신에서 자유로워져야 할 인간 정신활동의 영역에서는 새가 꿈꾸는 자의 분신이자 전령이기도 하다. 이는 육신에 깃든 영혼의 자유로움을 추구하는, 사유하는 인간의 보편적 특징이기도 하다.

> 저녁노을의 때, 하늘이 어두워지고
> 바람이 불어와 갈대들 서걱이네.
> 온종일 날고 날아 늦도록
> 두루미 떼 하늘로 날아가네.
> 나의 오랜 작별의 눈길에
> 그들은 부드러운 날갯짓으로 응답하네.
> 나 여기 남으련다, 잘 가거무나
> 이에 두루미 떼 미안하다 울면서
> 수평선 너머로 영원히 떠나가네…
>
> - 시47 '저녁노을의 때 하늘이 어두워지고' 전문 -

이 스따니슬라브 시인은 중앙아시아 및 구소련 고려인의 삶의 모습과 역사의 진실을 가장 깊이 있게 천착하여 표현해낸 독보적인 작가다. 그 자신 전형적인 고려인 마을에서 자랐고 가장 민족적인 것을 추구했던 원로 철학자 박일로부터 금지된 민족사를 배웠으며 이를 바탕으로 비극을 이겨낸 선조들의 의지와 지혜를 자신만의 언어로 진실하게 표현하였기 때문이다.

그는 무엇보다도 자신의 시가 모국에서 알려지기를 소망해왔다. 이는 모든 디아스포라의 본능적인 갈망이기도 하다. 디아스포라는 모국에서 인정받을 때 비로소 완전한 행복에 도달한다. 이 스따니슬라브 시인은 지금 모국이라는 완전한 행복의 문지방에서 문을 두드리고 있다.

## 지은이

# 이 스따니슬라브(ЛИ Станислав)

1959년 카자흐스탄 북부 아크몰라(현 수도 아스타나)에서 태어났다. 그 후 고려인 집성촌 모쁘르 마을에서 자랐으며 1981년 알마틔 공업대학을 졸업하였다. 시집 『이랑』(1995년), 『재속에서는 간혹 별들이 노란색을 띤다』(1997년, 한국어), 『한 줌의 빛』(2003년) 등을 펴내 카자흐스탄과 러시아문단에서 호평을 받았다. 그의 시편들은 2008년 『현대 러시아해외』 20인 사화집에 선정되어 실리기도 했다. 최근에는 한국의 『중세한시집』과 고은 시인의 시집 『만인보』를 러시아어로 번역하여 카자흐스탄에 널리 소개하고 있다. 한편 그는 극작가로서 희곡 『기억』(공저), 『농촌바보의 결혼식』(공저) 등을 쓴바 있으며 또한 화가로서 수차례 개인전시회 및 단체전시회를 갖기도 했다. 현재 카자흐스탄 알마틔시에 거주하고 있다.

# 옮긴이

## 김 병 학

1965년 전남 신안에서 태어났다. 1992년 전남대학교를 졸업하고 그해에 카자흐스탄으로 건너가 우스또베 광주한글학교 교사, 알마틔대학교 한국어과 강사, 재소고려인신문「고려일보」기자를 역임하였다. 현재 카자흐스탄 알마틔시에서「카자흐스탄 한국문화센터」소장직을 맡고 있으며 고려인문화와 관련된 일을 하고 있다. 펴낸 책으로는 시집『천산에 올라』(서울, 화남, 2005), 고려인구전가요를 집대성한『재소고려인의 노래를 찾아서 Ⅰ·Ⅱ』(서울, 화남, 2007), 에세이집『카자흐스탄의 고려인들 사이에서』(서울, 인터북스, 2009) 등이 있다.

■ 이메일 bhkim7714@hanmail.net

이 스따니슬라브의 시집

## 모쁘르 마을에 대한 추억

1판 1쇄 인쇄 2010년 3월 21일
1판 1쇄 발행 2010년 3월 31일

지은이 | 이 스따니슬라브
옮긴이 | 김 병 학
펴낸이 | 김 미 화
펴낸곳 | **인터북스**

주　　소 | 서울시 은평구 대조동 221-4 우편번호 122-844
전　　화 | (02)356-9903
팩　　스 | (02)386-8308
전자우편 | interbooks@chol.com
등록번호 | 제311-2008-000040호

ISBN 978-89-94138-03-9  03810

값 : 10,000원

※파본은 교환해 드립니다.